De circunscripción, indómito

El viaje

Andrés Tejedor Pascual

Aliarediciones

Corrección: Inés González Calo
Diseño de cubierta: Mónica Morales
Maquetación: Aliar Ediciones

Depósito Legal: GR 1892-2025
ISBN: 979-13-88058-43-1

Impreso en España

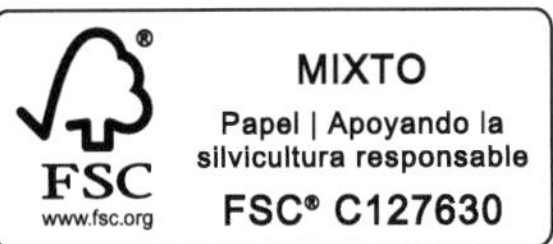

Edita
ALIAR Ediciones
www.aliarediciones.es
info@aliarediciones.es

De circunscripción, indómito

El viaje

Andrés Tejedor Pascual

Dedicado a ti, papá (Abrazado sin soltar lo invisible pero puramente sensible), *mamá, hermano, Lúa* (Espuma blanca de mi mar) *y Marta. Por supuesto, a ese ser de luz iridiscente y esencia vital, Manuel, hijo.*

Agradecimiento especial a: Llum Rey, Rebeca Artal, Juanjo Pérez y Rafa Sánchez (La Unión) por vuestras voces que brotan del corazón, emanan vida y una magia fecundada en el más bonito cariño.

Nota del autor

Un viaje sin billete y sin maleta, sin mapas, sin brújulas, ni siquiera coordenadas ni latitudes; más que un conjunto de letras en forma de palabras puzle que dan pie a versos que unidos concienzudamente entre sí, hacen viajar mediante un combustible llamado poesía; una poesía viva, incluso sonora, de cerca, una poesía para la piel y sus poros, para la cotidianeidad y su belleza.

Un combustible cuyo objeto es transportar al cuerpo que habitamos y a su misterio, desde pausas vitales obligadas de raíz inesperada, a lugares remotos sin necesidad de soñar, así como a enclaves sin ubicación donde las musas se compadecen y nos brindan compañía y sacan la mejor versión de nuestra piel y alma, confiriéndonos además la transmisión oral de uno de sus secretos; un encomio desde la siembra en la niñez pasando por aquella que riega con su mejor agua la semilla entre más apologías que engalanan este viaje.

Insoslayable no visitar esa parada sobre el ejercicio de vivir y todas sus conjugaciones y consecuencias, donde en ocasiones el color gélido predomina, pero se bate en duelo con ciertas primaveras donde besos y versos en forma de amor polinizan, agilizando la celeridad de este viaje sin billete y sin maletas.

Este poemario físico-sonoro es la muestra más veraz y sincera del amparo que me brindan las letras, del aliento y la paz generosa que retroalimenta mi albor. Su vida nació en el año 2020 y se ha ido desarrollando y construyendo hasta estos tiempos. En él se ha pretendido plasmar el reflejo de un autoreflejo con desnudez en el alma, generando alivio y, a su vez, enaltecimiento.

Dirigido para amantes y no amantes de la poesía, para amantes y no amantes de las letras, para amantes y no amantes de la lectura. Para amantes de la vida, y de viajes sin billete y sin maleta.

Audio poemas

*Permuta Temporal –**Llum Rey** *(Voz)* / Andrés Tejedor Pascual *(Piano y obra original).*

*A los habitantes del planeta amor (Niñas y niños) – **Rebeca Artal** *(Voz).*

*De leche y nidos pasajeros – **Rebeca Artal** *(Voz)* / Andrés Tejedor Pascual *(Piano y obra original).*

*Ser pequeño de mayor – **Rebeca Artal** *(Voz)* / Andrés Tejedor Pascual *(Piano y obra original).*

*Faro que deslumbra en tonalidad de amor – **Juanjo Pérez** *(Voz).*

*Café de mar – **Rafa Sánchez**. La Unión (*Voz*).

*Ella – **Rafa Sánchez**. La Unión (*Voz*).

*Regalo – **Rafa Sánchez**. La Unión (*Voz*).

*Sueños – **Rafa Sánchez**. La Unión (*Voz*).

La pausa a la vida llegó.
Cuando el mundo paró, se bajó, y sin dudarlo, se subió en el suyo.
(El verdadero preámbulo de todo, junto con algo más[1]).

Primera parada

El mundo confinado

1. Ese «algo más» en la Tercera Parada.

Un mundo determinante y demostrativo

Esta pausa de la vida,
este letargo visible en ti,
este sueño de vida cadenciosa,
este mundo que se olvida de vivir,
este parque carente de juego,
este barrio deshabitado de vecinos,
esta avenida sin el bruto bullicio,
este ensordecedor silencio, que derrota al ruido.
Esta playa poblada de ausencia,
esta montaña que pregunta por ti,
este jardín con flores secas,
esta brisa, que hará todo resurgir.

Luces heroicas sin capas

Tarde nominada al olvido,
un leve suspiro de ese árbol que embellece mi balcón,
un asfalto triste por el desamparo,
de un rugir de vida que se mezcla con un motor.
Miradas confinadas apuntando
una incertidumbre del qué pasará
mientras a lo lejos un eco sonoro
ahuyenta ese mar de frialdad.
Tus luces abrillantan rápido
esta realidad con tono gris
mientras sus gestos de lucha dicen
saldremos muy pronto de aquí.
Unos héroes sin capa
pero con poderes de humanidad,
una bata por bandera,
una mascarilla como identidad.
Su boca oculta entre el blanco,
su verde mano da color,
sus ojos repletos de lucha y esperanza
dan sentido a la fría tarde, con un baño de esencias y calor.

Tiempos extraños, tiempos extraños

Tiempos extraños donde se esfumó la cotidianidad de un sol
sin filtros, un aire sin barreras y un abrazo sin cepos.
Tiempos extraños donde el grifo de la incertidumbre inunda
un cubo en una cuerda floja.
Tiempos extraños donde la esperanza no es al futuro,
sino a vivir el momento.
Tiempos extraños, donde la resiliencia se convierte
en nuestro primer apellido.
Tiempos extraños, tiempos extraños.

Y la luna nos aplaude

Y la luna sobre nosotros
se posa a nuestra merced,
no existen paredes en casa
ni un confinamiento en este anochecer.
Tu cabeza sobre mi pecho
dándome aliento y color,
haciéndome olvidar estos días
con tu remanso de infinita paz y leal amor.
Luces que se cruzan en la distancia,
compases binarios que cantan al sol,
pucheros y palmas que erizan la piel,
dos almas que cantan con una misma voz.
Tu mirada inocente y tierna
atenúa mi preocupación,
fusionados en una improvisada coreografía
donde solo cabe el no al dolor.
Carnaval improvisado contigo
con tintes de fiesta popular
y es que esta lucha a tu lado
es más fácil de sobrellevar.

Jueves Santo y una flor deslumbra al sol

Jueves Santo en cuarentena
marcado por una risa incondicional,
un gesto inocente y espontáneo
abrazo y tierna voz, susurra papá.
Tus cuerdas vocales resuenan
directamente en mi corazón,
una mirada de ojos achinados
sobre un Jueves Santo atípico
al que endulzas con calor y color.
Emocionado aplaudes y bailas
al ver que el músico soy yo,
me ves junto a mi piano y me nombras,
dos corazones y un acorde, en perfecta comunión.
Gesto pueril donde risa y paraíso van de la mano,
gesto cómplice donde lo urgente no es lo verbal,
esa manzana que me arrancas de la mano,
ese corazón del que escribe por ti, en clave de felicidad.
Haces el silencio sublime,
me convocas a ese universo de color,
donde no existen ni horas ni días,
haciéndome levitar y soñar
sobre nubes de algodón.

A un jueves, esperanzador y Santo

Donde hoy la procesión es a la vida,
donde el paso hoy es un balcón,
donde las promesas brotan más que nunca,
donde el cielo se curva y se transforma
en un paisaje multicolor.

Regalo (Tarde gris, raíz primaveral)

Qué paz de tarde gris,
qué gris en tarde de paz,
qué canto primaveral de dos gorriones,
qué lluvia que salpica el cristal.
Qué tarde gris sometida al letargo,
qué tarde gris con armadura de coral,
qué tarde gris que no se derrumba ante el presente,
qué tarde gris con ventana al mar.
Qué rosa en el jarrón que me sonríe,
qué risa aflorada que me regala,
qué aroma fresco que suspira,
qué sosiego tan innato que me abraza.
Qué palabras tan profundas me propone,
qué pacto leal y sublime nos conferimos,
que agilidad motriz en mis dedos,
qué forma tan veraz de accionar mis sentimientos.
Qué silencio insoslayable tan deseado,
qué banda sonora para este momento gris,
qué bella melodía para mis oídos agradecidos,
qué tarde tan locuaz de gotas de lluvia con primavera en su raíz.

A los habitantes del planeta amor (Niñas y niños)

Entre cachirulos y Tarara
ese niño mira por la ventana,
ve a una niña que pide a gritos con aire lloroso
poder salir ya de su casa.

Ese columpio en ERTE
ve amenazada su actividad,
llora con el óxido de su cadena
sufriendo un miedo, que le impide balancear.
El tobogán le guiña un peldaño,
la papelera una pata,
el árbol obsequia con una hoja,
el cielo multicolor susurra con la brisa,
el reflejo de un mar, azul esperanza.

Lienzo: Confinamiento con sonrisa por pincel

Con un pincel en mano,
dibujando un infinito mar,
creando lunas con trazos inocentes
en un apagado cristal.

Ese autobús que te da la vida,
un vecino aclama tu atención,
esa ventana que abre paso al frío,
ese ser que es todo candor.

Verbena popular de juguetes,
carreras en un parque imaginario
simulando un divertido y veloz caballo,
dando vida y luz a la incertidumbre y al vecindario.

Oasis rodeado de un mar de bellas risas,
diccionario con vida propia de palabras inocentes,
gestos que acarician el más bello momento,
luz que brota entre tinieblas de repente.

Se apaga el día y la noche se ilumina,
la luna feliz y risueña te mira,
la nombras y dibujas con tus ojos alegres,
mañana de nuevo, el día saboreará tu alegría...

Segunda parada

Donde Euterpe inocula vida

Faro deslumbrante en tonalidad de amor

No hay coraza que resista
ni ejército que venza
ni la existente y más grande fuerza
que la pueda derrotar.
Su poder latente invisible
da lugar a una quimera,
viaje improvisado transoceánico
sin billete y sin maleta.
Psicóloga de la vida misma,
terapeuta en forma de canción,
realzando ánimos y esencias,
dando vida y luz a mi a veces oscuro interior.
Paño de lágrimas y confesiones,
compañera en tiempo de vino y rosas,
amante en tiempos de lucha,
mi musa desnuda, perfecta, sensual, bella e infinitamente hermosa.

Poema en cuerda percutida

Quise ser música
en letra me quedé
saber de tu piel
mi mejor repertorio
mañana, próximo concierto.

Dos musas, un camino

Aparco las lentes de la cotidianeidad
desnudo mi piel y al pentagrama
en el atril, mi corazón y su bombeo
en el oxígeno, la poesía y mi voz,
conjuro de amalgama.

Tercera parada

Algo de la vida y sus perspectivas.
(Con lengua propia)

Donde el abecedario muere, nace la poesía.

De oficio poeta

Soy el chasis de un corazón indómito
un derrochador de vocablos a medida,
soy un detective del atisbo del alma
un arrebol pasión noche,
cuando plasmo la tinta.

Jugando a pensar

Y siento a veces que no pienso lo suficiente,
y pienso a veces que no pienso lo suficiente,
y es que es tan necesario pensar a veces,
que aun así ni siquiera, de ello soy consciente.
«Nunca tengas miedo de sentarte un rato a pensar»,
me escribió un amigo hace veinte años en un *cassete* de Sabina.
Palabras que en su día al leerlas
quizá no entendí, con demasiada claridad.
(Sí... tan necesario, me respondió la vida veinte años después).

Siento, vivo

He aprendido a sentir viviendo
he aprendido a vivir sintiendo
qué sería del misterio de la vida
sin esa amalgama de sentimientos.

Ser pequeño de mayor

Que la magia infantil
longeva y atrevida presuma
aunque reflejo y espejo
confirmen adulto a la vista.

¡¡Adulto... de ojos brillantes, universo único!!
Adulto... con secretos de mayor y orejas de pequeño.

Sueños… Simplemente sueños. ¿Alguien exento?

Se preocupó tanto de idealizar, que olvidó vivir.

Vive el presente real, le decían, pero idealizando decidió seguir
en trenes con música volaba, universos creados a su antojo,
imposible que quedara como un despojo, esa flor de su elixir.

Y la vida pasaba y la flor en el jardín permanecía
con algún pétalo sano y otros con alguna herida.

Pero así es la vida, polirritmia de momentos,
un día brisa primaveral, otro, desapacible y huracanado viento.
Pero al fin y al cabo… ¿Quién no sueña con plantar una flor
en su jardín?

¿Utopía?

Hoy, que las prisas no se acuerdan de mí,
hoy, que el lloro no se resiente por melancolía,
hoy, que la risa no es forzada,
hoy, que el andar no es mecánico,
hoy, que las palabras no son escrupulosamente pensadas,
hoy, que mi gesto prescinde de protocolos antinaturales,
hoy, que mi humor es solo mío y de nadie más,
hoy, que mi ego por un rato me abandona,
hoy, que mi paz crece un poquito más.
Siempre querría este hoy, pero la vida es un compendio
de hoy en plural,
donde el singular es lo único que no cambia.
Mientras tanto, me quedaré con este hoy.

Cuarta parada

Lugares remotos con derecho a tu nombre

Noche blanca satén

Blanca satén al desnudo y en vigía, noche esclarecida como luciérnaga saliendo del letargo, aire mediterráneo al unísono con tu luz, mil y una aventura en tus noches de verano.

Luna que ensanchas corazones, que iluminas incertidumbres, que aceleras serenidad y calma, que acompañas como al invierno la lumbre.

En noches de playas infinitas, en noches de mil y un lugar, en noches de besos y confesiones, tú, yo y tu unicidad.

Porque cada día sea luna llena

Él se enamoró de ella, ella le susurraba un destello profundo, finalizaba el ocaso, anochecía en parte del mundo.

Él, con sus brazos en forma de olas, la abrazaba, quería sentir su piel, convirtiéndose, misteriosamente, en un mar de miel.

No hay metáfora que te defina, belleza que te supla, corazón que no enternezcas, nadie como tú me alumbra.

Te regalaré mi brisa, secretos y confesiones ajenos a nosotros, la inocencia de un niño feliz, castillos de arena, corales rojos.

Te invito a beber un trago de mi ser, impregnado de una esencia de Levante, perfumaré el cielo con azahar, impidiendo que cualquier bruma pase.

Ella le miraba y sonreía, seguía con su mágico candil; en noches de luna llena, celebran cuando ella dijo sí.

¿Qué será?

Tienes algo tienes, que en ese tener siempre me tienes, en forma de alma o de pensamiento, o, si hay suerte, de cuerpo presente.

Tienes algo tienes, que en el momento que la vida nos presentó ya nos caímos bien, me dejaste expresarme en todas las formas y en tu brisa me amparé.

Tienes algo tienes, algo tan importante como un cordón umbilical que me une con una estrella, que me acompaña todos los días y en mi ser íntegro se manifiesta.

Tienes algo tienes, que por mucho surrealismo que haya, no me puedes ocultar tu belleza, firmamento intenso celeste, cristalina y abundante pureza.

Tienes algo tienes, que ves pasar mi tiempo desde tus días, en tu balcón desde el lado más oriental, tú siempre tanta paz, yo tanto ajetreo como filosofía de vida.

Tienes algo tienes, que hasta gatos y jabalís son como hermanos, enredaderas que besan las paredes, la sinfonía del campanario sonando.

Tienes algo tienes, conexión directa con mi estrella, se refleja toda en ti, me la muestras aún más bella.

Autoreflejo y un mar

Me hipotecaría en esos veranos con bicicleta o sin ella,
alquilaría para larga estancia un trozo de ese sol,
sembraría algunas de esas flores si quedaran,
me sentaría a su lado, bebería un trago de su voz.
Pescaría en su mar de inocencia con su caña verde esmeralda,
haría un castillo de arena, con pasarela directa a mi playa.

Seis

Tisana de maquia y paraíso al este,
rocas amuralladas con carácter bohemio,
noche engalanada por la blanca satén,
con seis te conocí, sentimiento homogéneo.

Prendo a sorbos mi tisana, así sabe mejor,
le regalo a mis ojos tu castillo
y a mi corazón esa voz.

Voz que ahora viste con canas
con otro lienzo y algún otro pincel,
con semilla autóctona de ese niño
que ve a otro crecer.

El lenguaje de la noche y su universo

El día cambió de página, el ocaso llegó a su conclusión,
rumbo al conticinio y su misterio, abrigo en el corazón.
Sombras chinescas hacia el oeste, guitarras hablan en su idioma,
luz que atenúa el sueño, imposible soslayar este bendito axioma.
La brisa nocturna, la Osa Mayor,
susurra que desciende y asciende,
ipso facto, a mi voz.
Recito, te miro, suspiro, qué sé yo,
algunos de los treinta y seis y sus formas
bajo la timidez de las perseidas,
y su hermana la Osa Mayor.
Así se funde la cera,
mientras el candil acuna a la llama,
la noche a su amada oscuridad,
el sol ya lo fue por el ocaso,
y yo, por vuestro mirar.

Ser ave, ser luz

Gigante demiurgo con tu azul acolchado
que careces de timidez y nutres caminos pétreos,
que apagas el día con tu esencia de arrebol
y enciendes el mar plata
atenuando mi prisa y el color del cielo.
Aprendí de las aves del ocaso,
el valor y volar con inercia
sin motor ni rumbo al sur,
mi opacarofilia me aventuró a esculpirte en poemas
mis versos tus letras, en forma de luz.

Permuta temporal

Por un ayer con fecha de hoy,
de veranos que fueron y vuelven a ser de playas
que saben de tu mirada
de un Mediterráneo que sabe de anhelos de una arena
que celebra tus huellas
de brisas, de ocasos, de luna del Ciervo.

Por un ayer con fecha de hoy,
donde por una cabeza, vivo más vivo que nunca
desde mi balcón con vistas al mar de tus ojos
pueril y estrictamente necesario para mi ecosistema.
Donde por una cabeza, sostengo el pilar del tiempo
bajo el latido de tu pulso y esa mano que lo dice todo.

Por un ayer con fecha de hoy,
donde el salitre apuntala vuelos con o sin rumbo,
como esa paloma sin conocer caída, o como aquella,
con su nuevo manual de vuelo y en prácticas,
o como aquellas, que ya no están o emigraron a otros paraísos.

Por un ayer con fecha de hoy,
donde el concierto es transitado por mariposas asiduas
en vísperas y al abrir telón,
de danzas a su merced en seis por ocho
donde la cuerda y su lengua no escatiman en sortilegio.

Por un ayer con fecha de hoy,
donde primera fila es sinónimo de vida y su secreto,
de risas que dan sostenidos a cada nota
de abrazos purpúreos que celebran las musas
volviendo a su infancia más feliz y real.

Por un ayer con fecha de hoy,
de veranos que fueron y vuelven a ser de playas
que saben de tu mirada
de un Mediterráneo que sabe de anhelos de una arena
que celebra tus huellas
de brisas, de ocasos, de luna del Ciervo.

Por un ayer y su henchir de ayeres, pero con fecha de hoy.

Café de mar

Azul marino mar
piscina de gotas de inocencia
castillo de alhajas de coral
palmeras perfumadas
del suspiro de tu presencia.

Intersección de coordenadas
de la resina con sabor a sal
latitud en mente y cuerpo
sumergido en la montaña
escalando el mar.

Café de mar vespertino
tinta y papel para acompañar
pupilas enclaustradas al infinito
sin secante y mojado
embravecido y claro
profundo y culpable
de mi cotizada paz.

Quinta parada

Frío

Me pediste poesía, pero el gélido maquillaje de tu corazón
apagó mi abecedario en llamas

Ese niño enjaulado

Ese campo desolado
por una plantación de tristeza.
Esa cosecha que pasó de un plato al olvido.
Ese cerro que se entierra en su propia tierra.

Ese paisaje condenado al exilio.
Ese niño que corría por él en volandas.
Ese viento de Levante que besaba su cara.

Ese murmullo de mariposas
aleteando en su tripa.
Ese sol de marfil
que sus días iluminaba.
Esa tarde lo convirtió
en funesta llama apagada.

Esa silueta lo fundió cual cera en procesión.
Esa mirada, mirada por la frialdad.
Esa alma encañonada, por el revolver de la realidad.
Ese niño llora y maldice.
Ese momento atroz y distópico
ese niño entra en su jaula.
Ese niño de ojos tristes, ese niño, pájaro sin nido.

Una tormenta que no divisa calma

Ese trasgo cuya presencia embravecida
denota ciertos aires iracundos,
haciendo girar el mundo
en sentido contrario a mi ser.
Ese trasgo cuya presencia grosera
se burla de la cordura,
negando el paso a la ternura
que conformo en calidad de ser.
Ese trasgo deseoso
de placer en un burdel,
con togas por lencería y papel mojado de un convenio
por una copa de *champagne* francés.
Trasgo déspota y amante
de la celeridad y el propio impulso,
oídos sordos a la razón
prolegómeno de un convulso discurso
trasgo que asusta al miedo
con puñal de anhelos y de penas,
trasgo que te arrastra del corazón
y te obliga a entrar a su verbena.

Aprender a desaprender en el oficio del querer

Y hubiera firmado ante notario
este contrato de sublime cláusula.
Y hubiera grabado a hierro y sangre
un para siempre con un corazón en ese árbol.

Incluso ese te quiero que escribí, en la orilla de esa playa,
nunca hubiera sido borrado por ninguna ola.
Por supuesto, estas palabras
jamás se las hubiera llevado el viento.

Lo que ayer era un contrato
hoy se torna un acuerdo al que, tras sudor y lágrimas,
da lugar a un convenio.
Lo que ayer era un grabado,
hoy es un marchitado crisantemo.
Lo que ayer el sol iluminaba en la arena,
hoy es una caracola con alma en pena.
Lo que ayer el viento no se llevó, hoy vuela alto y sin rumbo
en busca de amor.

El niño que corría entre espuma

Abrazado sin soltar lo invisible pero puramente sensible,
nómadas de la vida como el de *battiato* en busca de paz,
con el haz de brillo del Mediterráneo, al que me amparo
para poder sentiros más cerca todavía.
Entre juncos y caracolas, dos mundos se unen,
entre la orilla y el mar y el cálido gesto del sol,
otro nómada que logra la paz al sentir vuestro pulso,
vuestro perfume de salitre y brisa marina,
entre aguas cristalinas, de este, vuestro mar.
La espuma, tu pelo liso y blanco,
tu risa, ese niño corriendo por la orilla,
gaviotas que acompañan privilegiadas,
a las sirenas que cantan vuestra melodía.

Desolación

Hoy soy corazón transido sin sol en el camino,
caminante entre el barro y la pena,
buscando por qué y su ansiado sentido.

Barrería este mal sueño, la eternidad de su color gris,
enterraría con mi pala el verbo doler,
sus sinónimos, lexema, morfema, raíz.

Si el subconsciente me lo permitiera,
le pediría soñar en color.
Si la vida me preguntara,
respondería que mejor sin cicatriz en el corazón.

Cicatriz con barro y desconcierto,
permanente aquí quedará,
despojarme y ahuyentar esta garra
y su herida de realidad.

Espejismo

Te hallé, pero no te encontré.
Te tuve, pero no te sentí.
Mientras tanto
te seguiré desnudando con mis versos y alimentando el suspiro
con el afán de un poema invertido.
De un amanecer de apellido iridiscente.

Sexta parada

Apologías diversas

Ingredientes poéticos

Métrica versos líneas sonetos
vocales consonantes gramática
deseo

Título subtítulo entonación prólogo
pulsación portada
amparo
desahogo

Páginas comas lápiz puntos papel
lectura metáforas
mi henchir
tu piel

Semántica hipérboles tachones escritura
cafés sosiego
equilibrio
vuelos
altura

Ojos respiración cadencia lexema
raíz de la palabra en su árbol
en su fruta madura
un poema

El tuyo el mío.

Sin, con, cuando (I)

Sin esperarlos o esperándolos,
sin estar en soledad o estándolo,
con razón o sin razón,
con silencio o sin él,
cuando me das la mano y cuando no,
cuando me miras y cuando no.

Hoy, no me maquillé para salir a la vida, l
o hicieron tus besos, que: sin,
con o cuando, siempre dan luz y color a mi verbo amar
y a su rostro.

Incipiente en labios compartidos (II)

En ese mar me embadurné de picardía sobre piel de inocencia.
Hice mi primer simulacro sobre los besos,
pero me quedé con uno.
Apenas los dieciséis recién cosechados, qué más daba,
ya sabía todo lo sabido y por saber.
Lo impúdico y el afán de vivir tan deprisa,
depararon en una brisa, quizá solo para mí.
Lo peyorativo,
el fin de la noche y su misterio desconocido al desnudo.
Pero la música de excitada pulsación y la piel,
se ofrecieron lealtad.
Sea real o no, un beso fue, el primero de todos,
en un puerto, al anochecer.
Cerezas, alquitrán, rocas y acero,
dieciséis cosechas,
un mar,
un puerto.

Ella

Dama de llaves sin llavero,
de cajones y cerraduras con
precinto.
Que entras sigilosa y de puntillas,
que das vida a un afortunado
«yo existo».

Jardinera con agua que no moja,
siempre abierto su jardín,
corta flores a mi nombre,
siembra luz en mis rocas,
en su pecho
mi raíz.

Puerto que amamantas rumbos
fijos,
faro con lumbre además de
destello,
ojos que sin mirar ven dentro.
Raíz de raíces,
mi ancla,
mi puerto.

De leche y nidos pasajeros

Como ese primer diente que habla de nuestro viaje
por los otoños como copilotos y luego al mando.

Como ese primer diente donde el nido
está en árbol de copa grande en forma de abrazo
y abrigo permanente.

Como ese primer diente que clarifica todo atisbo de
la vida y su celeridad.

Como ese primer diente que posee la esencia
de lo que soy y que un día fue ese primer diente.

Como ese primer diente que, aunque lo guarde en mi más
estricta propiedad,
me recuerda que es nula.

Como ese primer diente que para mí siempre será el primero,
de una boca que no es mía,
pero de una risa que mi corazón y su misterio
son altamente sensibles.

Séptima parada

Fin de pausa a la vida dijeron. Él, la mantuvo

El Verdadero amor y la mayor de mis verdades a otorgarte, es que amo al amor, de esta forma sabrás, que cuando amo, lo hago de verdad

La magia de carne y hueso…

Cuando la inspiración se hace de carne y hueso.
Cuando el numen acaricia un piano con dedos de marfil.
Cuando así entonces todo recobra sentido.
Cuando mi música interior brota por ti.

La vida carrusel

La vida carrusel de emociones variopintas,
que a veces no pregunta si queremos o no vivirlas,
la vida carrusel en ocasiones regala sortilegios,
volviendo a ser un niño cuando a mi vera te siento.
La vida carrusel en sí ya es viajar,
cuando tú me das la mano y no miramos hacia atrás.
La vida carrusel va y viene y nunca se detiene,
no importa el destino si de mi mano tú me tienes.

Perseidas

Las perseidas son deseos, son abrazos, son besos,
son momentos.
Las perseidas son momentos que acunan la noche,
abrigan al monte e iluminan nuestra ilusión.
Las perseidas son pieles erizadas por manos tersas
que dibujan corazones en mil formas sobre mi espalda.
Las perseidas son la sensación de levitar
aun teniendo pies en tierra.
Las perseidas son el soñar con un mañana contigo,
con un hoy a tu lado y con un ayer donde no hubo un sin ti.

Huellas

Y de pronto, dejé de acotar el corazón,
tus pisadas,
causa efecto.

Libre de circunscripción, como el mar y sus entrañas.

Miradas

El milagro de tus ojos
reside en que puedo ver con ellos,
de tanto que te siento.

Allí

Te fui desnudando
hasta llegar a la cremallera de tu piel,
tú,
me desnudaste el alma,
allí coincidimos.

Te recuerdo que…

Hoy te recuerdo que
sumo contigo a mi lado.
Hoy te recuerdo
la prisa de besos por darte todos los que mereces.
Hoy te recuerdo
la brisa que me fecundaste.
Hoy te recuerdo
que del corazón me arrancaste una máscara para poder mirarte.

Hoy te recuerdo
que fui prólogo en las aventuras del amor.
Hoy te recuerdo
que me diste pluma y alas.
Hoy te recuerdo
que versos tienen tu nombre.
Hoy te recuerdo
que poesía es tu mirada.

Hoy te recuerdo
que me impregné de instrucciones para armar el amor.
Hoy te recuerdo
que él me armó a mí.
Hoy te recuerdo
sí contigo no sin ti.

En este recuerdo…
piden la palabra amaneceres, ocasos
y noches satén con cola de astro,
plantas de los pies que contorsionan por tocarse,
pasión y piel como forma de expresión,
jardines con geranios de anegadas hasta el sol.

Y qué decirte del hastío,
de lo más denso y alambicado.
En ese caso, ese «Te recuerdo»
te recuerda que tu presencia
les causa ausencia.
Este que te recuerda que,
suma contigo
resta a tu no presencia
celebra hoy y siempre a tu lado,
vida, pasiones,
el gozo de tu esencia.

Índice

Tercera parada

Algo de la vida y sus perspectivas. (Con lengua propia)

Cuarta parada

Lugares remotos con derecho a tu nombre

Quinta parada

Frío

Sexta parada

Apologías diversas

Séptima parada

Fin de pausa a la vida dijeron. Él, la mantuvo

Este libro se terminó de editar en Granada
en enero de 2026 por

www.aliarediciones.es
info@aliarediciones.es